BEI GRIN MACHT SICH IHR WISSEN BEZAHLT

- Wir veröffentlichen Ihre Hausarbeit, Bachelor- und Masterarbeit

- Ihr eigenes eBook und Buch - weltweit in allen wichtigen Shops

- Verdienen Sie an jedem Verkauf

Jetzt bei www.GRIN.com hochladen und kostenlos publizieren

Frederike Doyé

Das doppelte Lottchen

Wie Mann und Frau zu Ehegatten wurden

GRIN Verlag

Bibliografische Information der Deutschen Nationalbibliothek:

Die Deutsche Bibliothek verzeichnet diese Publikation in der Deutschen National-
bibliografie; detaillierte bibliografische Daten sind im Internet über http://dnb.d-
nb.de/ abrufbar.

Impressum:

Copyright © 2012 GRIN Verlag GmbH
Druck und Bindung: Books on Demand GmbH, Norderstedt Germany
ISBN: 978-3-656-25824-7

Dieses Buch bei GRIN:

http://www.grin.com/de/e-book/197623/das-doppelte-lottchen

GRIN - Your knowledge has value

Der GRIN Verlag publiziert seit 1998 wissenschaftliche Arbeiten von Studenten, Hochschullehrern und anderen Akademikern als eBook und gedrucktes Buch. Die Verlagswebsite www.grin.com ist die ideale Plattform zur Veröffentlichung von Hausarbeiten, Abschlussarbeiten, wissenschaftlichen Aufsätzen, Dissertationen und Fachbüchern.

Besuchen Sie uns im Internet:

http://www.grin.com/

http://www.facebook.com/grincom

http://www.twitter.com/grin_com

Familie im Wandel

oder

Mann und Frau werden zu Ehegatten

Inhaltsverzeichnis

Seite

1. Einleitung

Ich habe mich für die Geschichte des *doppelten Lottchens* von Erich Kästner entschieden, da ich bereits als Kind Kästners Romane wie: *Emil und die Detektive*, *Pünktchen und Anton* oder *Das doppelte Lottchen* sehr gemocht und geradezu verschlungen habe.

Besonders an dieser Geschichte gefällt mir heute, dass Erich Kästner mit den damaligen Konventionen gebrochen hat und einen für die damalige Zeit untraditionellen Familienroman geschrieben hat.

In dieser Arbeit möchte ich das Buch *Das doppelte Lottchen* von 1949 mit dem Film *Charlie & Louise* von 1994 vergleichen. Ich habe mich für die Film-Adaption von 1994 entschieden, da sich in den knapp 50 Jahren von 1949 bis 1994 eine immenser gesellschaftlicher Umbruch vollzogen hat, speziell hinsichtlich des Familienbildes und der Rolle der Frau innerhalb der Familie. So ergibt sich die Leitfrage dieser Arbeit: „Inwiefern unterscheidet sich die Darstellung der Familie im Film von der Darstellung der Familie in Erich Kästners Roman?"

Zunächst werde ich kurz den Inhalt von Buch und Film wiedergeben, woraufhin ich im Hauptteil meiner Arbeit Buch und Film miteinander vergleichen und die Unterschiede in der Darstellung der Familien herausarbeiten werde. Besonderes Augenmerk bei diesem Vergleich werde ich auf den Wandel der Familienbilder in den 50er bis 90er Jahren legen und mögliche Ursachen und Hintergründe für eine abweichende Darstellung aufweisen.

2. Inhaltsangabe

2.1 Das doppelte Lottchen

In dem fiktiven Ort Seebühl begegnen sich die im Babyalter durch die Scheidung der Eltern getrennten Zwillinge Luise Palfy und Lotte Körner.

Luise wohnt bei ihrem Vater, einem berühmten Kapellmeister, in Wien. Lotte bei ihrer Mutter, die als Bildredakteurin bei einer Zeitung arbeitet, in München

Beide Mädchen wissen weder voneinander, noch von dem jeweils anderen Elternteil. Nach kurzen Anlaufschwierigkeiten schließen die beiden Neunjährigen Freundschaft und beschließen ihre Rollen zu tauschen. So fährt Luise zur Mutter nach München und Lotte zum Vater nach Wien. Obwohl sich beide Mädchen verändert zu haben scheinen, bemerken die Eltern den Tausch zunächst nicht. Als die Mutter den Schwindel herausfindet, wird beschlossen, nach Wien zu fahren. Dort angekommen fassen die Zwillinge den Entschluss sich nie wieder zu trennen und schaffen es so, die Eltern wieder zusammmen zu bringen und diese heiraten erneut.

2.2 Charlie & Louise

Bei einer Sprachreise in Schottland begegnen sich die kurz nach der Geburt getrennten Zwillinge Charlotte Palfy, genannt Charlie, und Louise Kröger. Charlotte wohnt bei ihrem Vater, einem Varietékomponisten, in Berlin. Louise wächst bei ihrer Mutter, einer Werbefachfrau, in Hamburg auf.

Als die beiden herausbekommen, dass sie Zwillinge sind, beschließen sie die Rollen zu tauschen und so fährt Charlotte als Louise nach Hamburg und Louise als Charlotte nach Berlin. Beide sind fest entschlossen ihre Eltern wieder zusammen zu bringen. Der Rollentausch der zwölfjährigen Mädchen fällt zunächst nicht auf, doch als die Mutter hinter den Tausch kommt, beschließen die Eltern, dass beide Mädchen bei ihrer Mutter in Hamburg wohnen sollen. Als die Kinder erkennen, dass ihr Plan, die Eltern zusammenzubringen gescheitert ist, reißen sie nach Schottland aus. Die besorgten Eltern retten ihre Kinder dort aus einer brenzligen Lage und kommen durch einen cleveren Schachzug von Charlotte doch noch zu dem Schluss, es noch einmal miteinander zu versuchen.

3. Unterschiede in der Darstellung des Familienbildes

3.1 Unterschiede in der Darstellung der Mutter

Erich Kästners enge Vertrautheit mit seiner Mutter prägte sein Frauenbild stark. So stellt er in seinen Kinderbücher, wie auch im Leben, zumeist keine hohen Anforderungen an das weiblich Geschlecht, bemüht sich aber oftmals seine Vorstellungen einer Mutter umzusetzen und stilisiert diese, wie auch seine eigene, zur vollkommenen Mutter.[1]

Die Mutter in Erich Kästners Erzählung ist eine Vertreterin von Kästners Mutterbild und die uneingeschränkte Sympathieträgerin des Buches.[2] Ganz darauf gemünzt dem Idealbild einer Frau der 50er Jahre zu entsprechen ist sie vorrangig daran interessiert sich und ihrer Tochter ein gutes Leben zu ermöglichen. Den Beruf übt sie aus purer Not an Mangel eines Mannes aus und kümmert sich nach ihrem langen Arbeitstag um ihre Tochter. Ein Mann spielt in ihrem Leben keine Rolle. Es scheint, als drehe sich ihr Leben einzig um das Geldverdienen und den nach der Arbeit zu besorgenden Haushalt. Sie ist sehr besorgt darum, zu wenig Zeit für ihre Tochter zu haben und hat deswegen ein schlechtes Gewissen.

Ganz anders in der Filmadaption *Charlie & Louise*. Hier ist die Mutter erfolgreiche Leiterin einer Werbeagentur und verkörpert den Typ der modernen Karrierefrau. Da sie sich, um beruflich voran zu kommen, wenig um ihr Kind kümmern kann, hat sie entschieden ihre Tochter auf ein Internat zu schicken. Dies auch, weil sie plant, eine neue Ehe mit ihrem Chef, einzugehen.

Die Mutter ist, im Gegensatz zu Kästners Darstellung der Mutter, der heutigen Zeit angepasst. Sie ist wesentlich moderner und selbstbewusster und durch die Scheidung keineswegs in eine

---

1 Kästner, Erich: Als ich ein kleiner Junge war, Hamburg: Cecilie Dressler Verlag, 20 Auflage 1982, S. 143
2 Lutz-Kopp, Elisabeth: Erich Kästner – Verfilmungen. Frankfurt am Main: Bundesverband Jugend und Film e.V., 1993, S. 90

finanzielle Notlage geraten. Der Mangel an Zeit für ihre Tochter rührt nicht daher, den Beruf aus purer Notwendigkeit zur Sicherung des Lebensunterhalts ausüben zu müssen, vielmehr ist es hier der Drang nach beruflichen Erfolg und einer Karriere, der die Zeit für die Tochter knapp werden lässt.

Es ist deutlich zu erkennen, dass das die Darstellung der Mutter im Film modernisiert und den vorherrschenden Gegebenheiten angepasst ist, Kindererziehung und Haushalt zählen nicht mehr zu ihrer obersten Prämissen, wie es noch im Buch dargestellt wird.

3.2 Unterschiede in der Darstellung des Vaters

Das Bild des Vater in Erich Kästners Roman wird mit mehr oder weniger Ironie gezeichnet und beschreibt einen überempfindlichen Künstler und seine Marotten.[3] Er ist ein erfolgreicher Dirigent und Komponist, der jedoch schon im Babyalter der Zwillinge erkannte, dass der Künstlerberuf und das Familienleben unvereinbare Größen für ihn sind und er „...seine verflossene Ehe stets für einen Fehltritt ins Bürgerliche gehalten hat...“[4]. Somit war eine Scheidung für ihn unumgänglich. Ebenfalls wird er von seiner, von Kästner als unmoralisch und intrigant dargestellten, Freundin, Irene Gerlach, geradezu dazu genötigt sie zu heiraten, was er jedoch nach der Begegnung mit seiner Ex-Frau weit von sich weist und die Beziehung mit ihr beendet.

Im Film-Pendant *Charlie & Louise* hingegen ist der Vater ein erfolgloser Varietékomponist und bangt um sein nächstes Engagement. Zeitgemäß arbeitet er an einem Musical und hat wechselnde Freundinnen und „[...]kommt ab und zu mit einer ausgeflippten Sängerin an.“[5]. Mit seiner aktuellen Freundin Sunny scheint er eher aus beruflichem Interesse zusammen zu sein, sie regelt für ihn seine Finanzen. Als die Finanzierung seines Musicals scheitert, scheint er auch gänzlich das Interesse an Sunny zu verlieren und versinkt in Selbstmitleid. Er wirkt etwas wie ein lebensuntüchtiger Chaot und beginnt erst gegen Ende des Films die Initiative zu ergreifen, als es heißt, seine Töchter aus einer gefährlichen Situation zu retten. Noch einmal und diesmal deutlicher ergreift er die Initiative, als es heißt, die Familie wieder zusammen zu bringen. Als sein Zug sich Richtung Berlin in Bewegung setzt, zieht er kurz vor Verlassen des Bahnhofes die Notbremse und rennt seiner Familie entgegen.

Der Vater in Kästners Kinderroman wird als erfolgreich und selbstsicher dargestellt und entspricht somit dem Bild eines Mannes der 50er Jahre. Ganz anders im Film, hier wird der

---

3   Lutz-Kopp, Elisabeth: Erich Kästner – Verfilmungen. Frankfurt am Main: Bundesverband Jugend und Film e.V., 1993, S. 90
4   Kästner, Erich: Das doppelte Lottchen. Berlin: Cecilie Dressler Verlag, 1959, S. 55
5   Zitat aus dem Film *Charlie und Louise,* Minute 0:26:39

Vater als chaotisch und erfolglos dargestellt und es wirke fast so, als sei er mit seinem Leben und den an ihn gestellten Erwartungen überfordert.

3.3 Unterschiede in der Darstellung der Beziehung zwischen Mutter und Vater

Die Darstellung der Beziehung von Mutter und Vater in Erich Kästners Roman *Das doppelte Lottchen* zeichnet das Bild eines zurückhaltenden Verhältnisses. Begriffe wie Liebe, Eifersucht oder auch Beschreibungen von Gefühlen werden in keinster Weise thematisiert. Demzufolge ist es schwer nachzuvollziehen, warum die Eltern erneut heiraten. Wegen der Kinder? Habe sie die Liebe füreinander neu entdeckt? Es bleibt an dem Leser darüber zu spekulieren.

Die dargestellte Beziehung zwischen Mutter und Vater im Film gestaltet sich etwas anders. Sie ist voller Emotionen und die Probleme der Beziehung und Gründe für die Scheidung werden explizit thematisiert.

So erfährt der Zuschauer bereits zu Anfang, dass der Vater der Meinung ist, seine Frau sei „eine völlig überforderte Studentin"[6] und dürfe auf keinen Fall das Sorgerecht für die Kinder bekommen.

Der Mutter wiederum ist es ausgesprochen wichtig, dass sie auf keinen Fall ihr Examen, welches sie gerade schreibt, zurückstellen kann und stellt fest, dass es eine Katastrophe wäre, wenn ihr Mann die Kinder bekäme, denn „Der kommt ja nicht mal mit sich alleine klar."[7].

Die Eltern im Film agieren gleichberechtigt und für den Betrachter ist es, im Gegensatz zu der Darstellung im Buch, nachzuvollziehen, warum die Eltern sich trennten.

3.4 Unterschiede in der Darstellung der Eltern zu den Kindern

Beiden Eltern scheint es offensichtlich, dass ihre Kinder sie wiedervereint sehen möchten, sie haben durch den Rollentausch aktiv in die Regelungen der Eltern eingegriffen, was zu Beginn der 50er Jahre noch ungewöhnlich war. Kinder wurden nicht in die Beziehung, besonders nicht in die Liebesbeziehung, der Eltern einbezogen oder nach ihrer Meinung dazu gefragt.

So mussten die Zwillinge im Roman noch hinter der Tür heimlich dem Gespräch ihrer Eltern lauschen, während die Kinder im Film aktiv in das Gespräch der Eltern einbezogen werden.

Etwas anders mutet es in *Charlie & Louise* an. Zwar wurde auch hier der Plan geschmiedet die Eltern wieder zusammen zu bringen, doch bedarf es im Film drastischerer Mittel und einen pfiffigen Einfall von Charlie um diesen zu verwirklichen.

Zudem werden im Film die Gründe für den Zerfall der Familie thematisiert, die Kinder nehmen hier an einer ausführlichen Diskussion über den Auslöser der Scheidung teil.

---

6 Zitat aus dem Film Charlie und Louise, Minute 0:00:43
7 Zitat aus dem Film Charlie und Louise, Minute 0:01:20

Die Kinder scheinen in dieser moderneren Fassung fast gleichberechtigt zu sein oder wenigstens ein gewisses Mitspracherecht zu beanspruchen.

3.5 Unterschiede in der Darstellung der Zwillinge

Die Charaktere der Mädchen aus dem Film sind der Fassung des Buches sehr nahe. Allerdings sind die Namen vertauscht: Lotte ist Louise und Luise wird Charlie. Die Unterschiedlichkeit der Mädchen ist auf das unterschiedliche Milieu in dem sie aufgewachsen sind zurückzuführen. Die Lotte aus Kästners Roman kennt finanzielle Sorgen und ist zudem mit der Verantwortung für die Haushaltsführung belastet. Sie ist ein stilles und ernstes Kind, das von seiner Mutter sehr passend als „Mein Hausmütterchen [...]"[8] bezeichnet wird. Ganz anders Luise. Sie kommt aus wohlsituierten Verhältnissen und ist sehr viel sorgloser und unbeschwerter als ihre Schwester.

Erich Kästner beschreibt die Verschiedenheit der beiden anschaulich an den guten Kochkünsten und den vorbildlichen Schulleistungen die Lotte erbringt, an den Luise jedoch scheitert. Andersherum wird das sorglose Leben Luises anhand der Vorliebe für Eierkuchen dargestellt, welche wiederum Lotte überhaupt nicht schmecken und welche sie nur „[...] mit Todesverachtung"[9] essen kann. Beide verbindet jedoch die Sehnsucht nach einer intakten Familie, was immer wieder sehr eindringlich beschrieben wird.

Auch in dem Film *Charlie & Louise* sind die Unterschiede in der Darstellung der Mädchen zu erkennen. Die Sprache ist moderner und das Verhalten frecher und hemmungsloser. „Man, das geht ja geil ab hier!"[10]

Bereits am Anfang des Films werden die Unterschiede der beiden deutlich: Louise ist gekleidet wie eine kleine Erwachsene und verhält sich auch entsprechend. Dadurch, dass ihre berufstätige Mutter wenig Zeit für sie hat ist sie selbstständig und agiert teilweise bereits wie eine Erwachsene. So ermahnt sie ihre Mutter doch nicht zu spät zu ihrem nächsten Termin zu kommen und schaut dieser nach einer innigen Umarmung sehnsüchtig hinterher.

Charlie hingegen ist selbstbewusst und frech, Verhält sich teilweise wie ein Junge, kleidet sich auch so, was sicherlich auch dem Aufwachse beim Vater geschuldet ist. Die Abschiedsszene auf dem Bahnhof veranlasst Charlie dazu, sich über Louise lustig zu machen und die Fronten scheinen von vornherein verhärtet.

Der Vergleich zeigt, dass die Mädchen im Buch hauptsächlich durch die finanziellen Umstände der Eltern geprägt sind, im Film jedoch ist der dargestellte Charakter der Kinder beeinflusst

---

8 Kästner, Erich: Das doppelte Lottchen. Berlin: Cecilie Dressler Verlag, 1959, S. 53
9 Kästner, Erich: Das doppelte Lottchen. Berlin: Cecilie Dressler Verlag, 1959, S. 54
10 Zitat aus dem Film *Charlie und Louise*, Minute 18:10

durch die Zeit und die Zuwendung des jeweiligen Elternteils.

4. Ursachen und Hintergründe für die Unterschiede

Wirtschaftlicher und sozialer Strukturwandel haben das Familienbild in Deutschland verändert.

Anfang der 50er Jahre waren die angestrebten Erziehungsziele noch „Gehorsam und Unterordnung", sowie „Ordnungsliebe und Fleiß", durch den Individualisierungsprozess Mitte der 60er Jahre hießen sie bereits „Selbstständigkeit und freier Wille".[11]

Nicht nur die Beziehung zwischen Kindern und Eltern änderte sich, auch die Rollenverteilung zwischen Mann und Frau erleben einen Wandel. War es vor 1958 noch gesetzlich festgeschrieben, dass die Frau verpflichtet ist im Hauswesen und im Geschäft des Mannes zu arbeiten, so hieß es ab 1958, dass die Frau berechtigt sei erwerbstätig zu sein, sollte sie dadurch ihre Pflichten an Ehe und Familie nicht vernachlässigen.[12] Seit 1977 ist gesetzlich festgelegt, das es beiden Ehegatten erlaubt ist, erwerbstätig zu sein und die Führung des Haushaltes ist zwischen den Ehegatten zu regeln.[13]

Der bereits erwähne Individualisierungsprozess griff nun auch auf das weibliche Geschlecht über und in den Lebensentwürfen zahlreicher Frauen begann die Berufskarriere mit der Familie zu konkurrieren.[14]

Das Familienbild der 50er Jahre war geprägt von der Zwei-Generationen-Kleinfamilie. Die, heute als typisches Klischee abgetane, Konstellation der Familie bestand aus dem Vater als Oberhaupt und Ernährer, welcher das Geld verdiente, und der Mutter, die die Kinder erzog und sich um den Haushalt kümmerte. Es handelte sich also um eine patriarchalische Struktur mit der untergeordneten Rolle der Mutter.

Bis heute müssen sich alle gesellschaftlichen Reformen gegen dieses festgefahrene Familienbild durchsetzen.[15]

Schaut man sich nun Erich Kästners Geschichte des *doppelten Lottchens* an, wird deutlich, dass er diese Struktur zunächst zwar in Frage stellt und mit dem traditionellen Familienbild bricht indem er die, zur damaligen Zeit schwierige, Thematik der Scheidung anspricht. Später jedoch kehrt er zum Traditionellen zurück, indem er die Eltern erneut heiraten lässt. Die Familie ist

---

11 Gestrich, Andreas, Krause, Jens-Uwe, Mitterauer, Michael: Geschichte der Familie. Stuttgart: Alfred Kröner Verlag, 2003, S. 584
12 "Haushaltsführung" – der § 1356 BGBim Wandel der Zeiten. Hamburger Abendblaltt, Axel Springer AG, 08.07.2008, verfügbar unter:
http://www.abendblatt.de/politik/deutschland/article926834/Haushaltsfuehrung-Der-1356-BGB-im-Wandel-der-Zeiten.html, eingesehen am: 17.05.2011
13 Bürgerliches Gesetzbuch, 53 Auflage. München: Deutscher Taschenbuch Verlag GmbH & Co. KG, 2003, S. 338
14 Peuckert, Rüdiger: Familienformen im sozialen Wandel. Wiesbaden: VS Verlag für Sozialwissenschaften/GWV Fachverlag GmbH, 2008, S.31
15 Peuckert, Rüdiger: Familienformen im sozialen Wandel. Wiesbaden: VS Verlag für Sozialwissenschaften/GWV Fachverlag GmbH, 2008, S.33

vereint um das typische Bild der glücklichen Ehe der 50er Jahre wieder herzustellen.

Versuchen wir nun das Familienbild der 90er Jahre zu betrachten, wird deutlich, dass von einem klassischen Familienbild kaum noch die Rede sein kann. Die gesellschaftlichen Konventionen sind aufgebrochen und es gibt eine Vielzahl von akzeptierten Familienformen. Die traditionelle Rolle des Vaters als Oberhaupt der Familie hat im Verlaufe des 20. Jahrhunderts an Geltung eingebüßt. Mitverantwortlich für diese Tatsache ist die zunehmende Erwerbstätigkeit der Frau, was diese selbstständiger und unabhängiger gemacht hat. Berufstätige Frauen sind nun keineswegs ungewöhnlich oder gar anstößig und auch alleinerziehende Väter sowie Mütter sind keine Besonderheit mehr. In Scheidung lebende Eltern sind geradezu alltäglich geworden und für ein eheähnliches Zusammenleben wird kein Trauschein benötigt. Viele verschiedene Familienformen, wie die Patchworkfamilie oder auch alternative Formen wie die gleichgeschlechtliche Lebensgemeinschaften haben sich etabliert.

Dieser Modernisierungsprozess ist auch in dem Film *Charlie & Louise* zu erkennen. Die geschieden lebenden Eltern gehen ihrem jeweiligen Beruf nach und haben neue Partner. Am Ende des Films erkennt der Zuschauer zwar, dass die Eltern beide bereit sind erneut eine Partnerschaft miteinander einzugehen, anders als bei Kästner ist hierzu jedoch keine Heirat von Nöten.

5. Fazit

Diese Arbeit hat sich zunächst mit der unterschiedlichen Darstellung der Charaktere der Zwillinge und deren Eltern in dem Buch *Das doppelte Lottchen* und dem Film *Charlie & Louise* beschäftigt. Dazu habe ich die Unterschiede herausgearbeitet und in Zusammenhang mit den jeweiligen zeitlichen und gesellschaftlichen Strukturen gebracht. Daraufhin habe ich die möglichen Hintergründe und Ursachen für die abweichenden Darstellungen erläutert und die damit einhergehenden Veränderungen des Familienbildes verdeutlicht. Besonders habe ich mich hierbei auf den Wandel zwischen den 50er und 90er Jahren konzentriert.

Zunächst mag man vermuten, dass Erich Kästners Roman *Das doppelte Lottchen* ein für die damalige Zeit, eher untraditioneller Familienroman ist. Die klassische Konstellation der Mutter-Vater-Kind-Familie in den 50er Jahren wird durch Kästner zunächst nicht beachtet und man kann seine Abweichung als eine Anklage gegen das herrschende Familiensystem betrachten. Besonders deutlich macht Kästner dies mit ein an den Leser gerichtetes Kommentar, denn nach Kästner „[…] gäbe [gibt] es sehr viele andere Kinder, die darunter litten [leiden], daß die Eltern sich nicht scheiden ließen [lassen]!"[16] So ist es laut Kästner eine Scheidung sehr wohl akzeptabel. Nichts desto Trotz werden die traditionellen Familienverhältnisse der 50er Jahre am

---

16 Kästner, Erich: Das doppelte Lottchen. Berlin: Cecilie Dressler Verlag, 1959, S. 61

Ende wieder hergestellt, indem Kästner die Eltern heiraten lässt.

Joseph Vilsmaier bricht weder gesellschaftliche Konventionen, noch übt er Kritik an bestehenden Familienbildern. Dies ist auch kaum möglich, denn die vormals bestehenden Konventionen sind in den 90er Jahren aufgebrochen und ein klassisches Familienbild hat sich nahezu aufgelöst. Mit dem Film *Charlie & Louise* hat er die Geschichte des *doppelten Lottchens* modernisiert und der gegenwärtigen Zeit angepasst.

Bei dem Vergleich zwischen Buch und Film ist der Wandel des Familienbildes, besonders im Zusammenhang mit den moderner gewordenen gesellschaftlichen Verhältnissen, deutlich geworden.

Die Scheidung der Eltern und die Stellung der berufstätigen Frau wird im Buch als etwas Ungewöhnliches dargestellt, was in den 50er Jahren kaum Akzeptanz erfährt.

Im Film werden die familiären Strukturen ganz anders dargestellt. Beide Elternteile sind berufstätig und gehen neue Partnerschaften ein. Die Scheidung ist nichts Außergewöhnliches mehr und auch die Karriere- und Heiratspläne der Mutter sind nicht hervorgehoben thematisiert.

Trotz Allem bereits gesagtem bleibt die Geschichte des *doppelten Lottchens* die Geschichte einer unvollständigen Familie. Die Sehnsucht der Kinder nach Harmonie, nach einer Familie mit Mutter und Vater ist hierbei nicht zeitgebunden. Die gesellschaftlichen Umstände und die Konstellation einer Familie verändern sich mit der Zeit, doch der Wunsch der Kinder nach einer intakten Familie besteht in den 50er Jahren genauso wie in den 90er Jahren.

6. Literaturverzeichnis

1. Bürgerliches Gesetzbuch, 53 Auflage
2. Burguière, André, Klapisch-Zuber, Christiane, Segalen, Martine, Zonabend, Francoise: Geschichte der Familie. Essen
3. Ewers, Hans-Heino, Wild, Inge: Familienszenen: Die Darstellung familialer Kindheit in der Kinder- und Jugendliteratur
4. Gestrich, Andreas, Krause, Jens-Uwe, Mitterauer, Michael: Geschichte der Familie
5. Kästner, Erich: Als ich ein kleiner Junge war
6. Kästner, Erich: Das doppelte Lottchen
7. Lutz-Kopp, Elisabeth: „Nur wer Kind bleibt...", Erich Kästner – Verfilmungen
8. Peuckert, Rüdiger: Familienformen im sozialen Wandel
9. Tornow, Ingo: Erich Kästner und der Film- Mit den Songtexten Kästners aus „Die Koffer des Herrn O. F."
10. Weber-Kellermann: Die deutsche Familie
11. Weber-Kellermann: Die Familie
12. http://www.abendblatt.de/politik/deutschland/article926834/Haushaltsfuehrung-Der-1356-BGB-im-Wandel-der-Zeiten.html